AF321847

INSTRUCTION

POUR LA

CAVALERIE

DE

L'ARMÉE DU ROI,

COMMANDÉE

PAR MR. LE MARÉCHAL

DUC DE BROGLIE.

A FRANCFORT,

CHEZ LES FRERES VAN DUREN.

M. DCC LX.

L'importance d'assurer dans l'Armée du Roi par tous les moyens possibles la plus exacte discipline, a fait sentir la nécessité de suppléer à ce que les Ordonnances n'ont pu prévoir; en conséquence Mr. le Maréchal Duc de Broglie *a fait dresser la présente Instruction & en ordonne l'exécution la plus précise.*

ARTICLE I.

Des Officiers Généraux.

1. MEssieurs les Officiers Généraux se conformeront avec exactitude aux Ordonnances du Roi en ce qui les concerne, pour ce qui regle le Service de la Cavalerie en Campagne.

2. On aura foin de leur marquer des logemens qui puiffent les mettre à portée de veiller continuellement fur les Divifions auxquelles ils font attachés, ainfi qu'il fera expliqué ci-après.

ART. II.

Du Maréchal-Général des Logis de la Cavalerie.

1. Le Maréchal-Général des Logis de la Cavalerie rendra compte à Mr. le Maréchal de ce qui concerne la Difcipline & le Service de la Cavalerie.

2. Il lui remettra journellement un Etat des Gardes & des Détachemens, & tous les mois un Etat de la force des Régimens.

3. Il rendra pareillement compte de tout ce qui regarde le Service & la Difcipline de ce Corps à Mr. le Marquis de Bethune, & l'informera généralement de tout ce qui fera ordonné pour la Cavalerie.

ART. III.
Des Aides-Maréchaux-Généraux de la Cavalerie.

1. Mrs. les Aides-Maréchaux des Logis de la Cavalerie s'occuperont essentiellement de la discipline en général, & rendront compte à Mr. le Comte de Lameth de ce qu'ils y verront de contraire, de la propreté du Camp, & l'exécution de tous les ordres donnés.

2. Comme il est souvent arrivé que les ordres adressés aux Troupes ne sont point exécutés avec cette exactitude si nécessaire à la Guerre, Mrs. les Aides-Maréchaux des Logis feront mention dans tous les ordres qu'ils enverront de l'heure précise à laquelle ils auront été expédiés.

3. Les Chefs & les Aides de l'Etat-Major de la Cavalerie répondront généralement de la Discipline & du Service de ce Corps; & Mr. le Maréchal ne pourra s'en prendre qu'à eux,

si, par complaisance, ils lui cachoient les contraventions qui auroient été faites à ses ordres, & ceux qui les auroient commises.

ART. IV.

Des Officiers de l'Etat-Major des Régimens.

1. Mrs. les Officiers de l'Etat-Major des Régimens, comme Brigadier, Colonel, Lieutenant-Colonel, Major & Aide-Major, seront personnellement responsables de la Discipline générale de leurs Corps. Mr. le Maréchal les prévient qu'il ne pourra s'en prendre qu'à eux, s'ils n'exécutent pas & ne font exécuter avec la plus scrupuleuse exactitude les Ordonnances du Roi, la présente Instruction & les différens Ordres qui seront donnés pendant la Campagne.

2. Les Majors des Divisions, dont il sera parlé ci-après, feront mention dans leurs reçus, des Ordres qu'ils

recevront, de l'heure à laquelle ils les auront reçus ; les reçus feront écrits avec de l'encre & non avec du crayon ; de plus, ils les cacheteront autant qu'il fera poffible.

ART. V.

Des Officiers Subalternes.

Mrs. les Officiers Subalternes répondront en toute occafion des Troupes qui feront à leurs ordres ; ils ne fçauroient donc trop s'occuper des moyens de les contenir en gens de guerre, & de leur infpirer, par leur exemple, l'efprit d'ordre & de difcipline.

ART. VI.

Des Bas-Officiers.

Les Bas-Officiers rendront aux Officiers de leurs Compagnies & à ceux de l'Etat-Major, le compte le plus exact de ce qu'ils leur verront faire de contraire à la Difcipline ; & ils feront punis le plus exemplairement, fi, par foibleffe ou par confidération, ils cachoient les fautes que les Cavaliers, Dragons ou Huffards pourroient faire.

ART. VII.

De la Divifion & du Service de l'Armée pendant la Campagne.

1. Les deux Lignes d'Infanterie de l'Armée feront divifées, pendant toute la Campagne, en quatre Divifions.

Chaque Divifion fera compofée du quart des Brigades de premiere & feconde Ligne ; elles feront nommées une fois à l'Ordre au commencement de la Campagne, & cela ne changera plus enfuite.

Chaque Aîle de Cavalerie ne formera qu'une Divifion.

Chaque Divifion fera commandée par un Lieutenant-Général qui fera de même nommé pour toute la Campagne, il aura fous lui d'autres Officiers Généraux.

Et en cas que le Lieutenant-Général commandant la Division fût abfent, l'Officier Général de la Division le plus ancien la commandera, fans que ceux de la Division la plus prochaine puiffent en aller prendre le commandement, à moins d'un ordre exprès du Général.

Le Lieutenant-Général commandant la Division, fera chargé de tout le détail qui la concerne, Difcipline, Police, Marche, Communication, Gardes & Fourages ; ce fera à lui que les Brigadiers & Colonels rendront compte de tout, & par lui que tous les ordres leur parviendront.

Mais les Brigadiers & Meftres-de-Camp de Cavalerie ne fe difpenferont dans aucun cas d'en rendre compte au Général de la Cavalerie.

2. Comme l'éloignement des Villages pourroit faire que ce Lieutenant-

Général fût logé à quelque diſtance de ſa Diviſion, ce à quoi il ſera remédié, autant que cela ſera poſſible, par les Marqueurs, & que cet éloignement pourroit cauſer du retardement dans l'exécution des ordres envoyés par le Général; pour obviér à cet inconvénient, le plus ancien Major de chaque Diviſion aura ſa tente tendue en avant de l'intervalle des deux Brigades de premiere Ligne de ſa Diviſion, à cent pas du front de Bandière; ce ſera à lui que tous les ordres venant du Général ſeront apportés, il en rendra compte ſur le champ au Lieutenant-Général, & il les diſtribuera aux Majors des différens Régimens de la Diviſion, fera aſſembler les Détachemens qui pourront être demandés, & exécuter l'ordre tel qu'il lui aura été envoyé.

Il ſe tiendra près de ce Major un Sergent d'Ordonnance de chacune des Brigades de la Diviſion, par leſquels il leur fera paſſer ſur le champ & promptement les ordres qu'il aura à leur envoyer.

Il y aura outre cela un Officier d'Ordonnance , toujours prêt à aller porter au Lieutenant-Général les ordres & les nouvelles que le Major de la Division pourroit avoir à lui faire paſſer.

Il y aura deux Brigades d'Infanterie deſtinées à couvrir les flancs de chaque Aîle de Cavalerie.

3. Afin d'accélérer de plus en plus le ſervice , & de diminuer la fatigue de l'Infanterie , il partira chaque jour de chaque Aîle de Cavalerie , à l'heure où l'on battra la Garde , deux Détachemens de huit Cavaliers chacun , qui ſe rendront chacun à la tente des quatre Majors des Diviſions d'Infanterie pour les Ordonnances.

De ces huit Cavaliers, les Majors des Diviſions en renverront ſur le champ deux chez le Général pour leur rapporter , pendant la journée , les ordres qu'il pourroit avoir à leur envoyer.

Des six autres, il en enverra deux à chacune des grandes Gardes que la Division fournit, & il en gardera deux auprès de lui ; si la Division fournissoit plus de deux Gardes, il n'enverroit qu'un Cavalier avec chacune, devant toujours garder près de sa tente deux Cavaliers.

Les Officiers de garde se serviront de ces Cavaliers pour faite passer promptement aux Majors des Divisions les nouvelles qu'ils pourroient avoir à leur mander ; & si cela étoit fort pressant, comme la marche d'un corps Ennemi, &c. ils le manderoient en même-tems au Général.

Les Majors des Divisions feront passer promptement les nouvelles intéressantes au Major - Général, au Maréchal - Général des Logis de la Cavalerie, & au Lieutenant-Général commandant leurs Divisions.

4. Il y aura auſſi trois Ordonnances de Cavalerie attachées à chacune des deux Brigades qui couvriront les Aîles de Cavalerie ; dont l'une ſera envoyée chez le Général, la ſeconde reſtera chez le Major de Brigade, & la troiſiéme ſera envoyée à la garde d'Infanterie, que la Brigade pourra fournir ſur le flanc de l'Armée.

Il ſera expreſſément défendu de ſe ſervir de ces Ordonnances de Cavalerie à d'autres uſages, ni pour d'autres objets que ceux marqués ci-deſſus.

Les jours de marche les Ordonnances du Général marcheront à la tête des Campemens, & les ſix autres Cavaliers qui ſeront d'Ordonnance chez chaque Major des Diviſions, marcheront à la tête du premier Régiment de la Diviſion, & ne la quitteront pas ſans avoir été relevés auparavant par un ſemblable nombre d'Ordonnances.

B

La Cavalerie donnera en outre à Mr. le Marquis de Bethune toutes les Ordonnances qu'il jugera à propos de demander, & il sera fourni par chaque Aîle au Maréchal des Logis de la Cavalerie trois Ordonnances ; il y aura aussi une Ordonnance de chaque Ligne à la tente du Major faisant le détail de chaque Aîle de Cavalerie.

5. Il y aura tous les jours dans chaque Division, un Maréchal-de-Camp ou un Brigadier nommé pour être chargé, sous le Lieutenant-Général, de la discipline de la Division : il fera la visite du Camp, des Gardes, des Communications, & les Fourages, &c. Il ordonnera ce qu'il croira nécessaire & en rendra compte au Lieutenant-Général commandant, qui instruira le Général de tout ce qui pourra en valoir la peine.

6. Les Brigadiers seront chargés de veiller aux Gardes de leurs Brigades, & faire faire les Communications en avant du Camp, & avec les Régi-

mens de leur droite & de leur gauche,
faire faire les appels, & de faire exécuter dans leurs Brigades tous les Ordres
qui feront donnés.

Les Colonels auront les mêmes dé-
tails, chacun dans leurs Régimens, &
rendront compte de tout ce qui le
méritera au Brigadier, celui-ci au Maréchal-de-Camp de fa Divifion, & ce
dernier au Lieutenant-Général Commandant.

7. Les Majors de Brigades ne viendront plus à l'Ordre au Quartier-Général ; il fera envoyé par le Major-
Général, & le Maréchal des Logis
de la Cavalerie aux Majors des Divifions & des Aîles de Cavalerie. Ils le
diftribueront aux Majors des Régimens de leurs Divifions, & ils feront
le détail du Service particulier de la
Divifion, qui fera féparé abfolument
de celui de tout le refte de l'Armée.

Les Majors de Brigade n'iront plus
au Campement, & marcheront avec
leurs Divifions & Brigades. Le plus

ancien Major, après le Major de Brigade, ou à son défaut, un Aide-Major ira au Campement.

Le jour de l'arrivée dans les Camps, les Officiers Généraux & Brigadiers des Divisions placeront les Gardes qu'ils jugeront à propos ; & dès le lendemain matin, le Major de la Division en rendra un compte exact au Major - Général , ou au Maréchal-Général des Logis de la Cavalerie , & tous les matins, il lui renverra le détail des Gardes & Détachemens que la Division a fournis dans les vingt-quatre heures, ainsi que les billets d'appels.

Pour accélérer l'assemblée des Détachemens, ils seront toujours fournis par Divisions ou Aîle de Cavalerie. Le Major de chaque Division aura un tableau pour faire fournir chaque Brigade à son tour ; & le Major-Général, & le Maréchal-Général des Logis de la Cavalerie en auront un , pour égaliser le service des quatre Divisions & des deux Aîles de Cavalerie , autant que cela fera poffible & que le tems le permettra.

Pendant toute la Campagne on n'avertira jamais à l'Ordre qu'on devra marcher le lendemain ; il fera ordonné une fois pour toutes , que lorfqu'on battra la générale , toute l'Armée fe levera , & la Cavalerie fellera.

A l'affemblée on détendra , & la Cavalerie chargera , ainfi que les Equipages ; & au drapeau & à cheval tout fe mettra en Bataille pour marcher incontinent après.

Les Equipages fe tiendront derriere leurs Régimens, pour fuivre les Troupes dans le même ordre qu'elles auront marché. Il leur fera donné un Sergent & huit hommes par Bataillon pour Efcorte ; les Régimens de deux Bataillons y mettront un Lieutenant, & ceux de quatre un Capitaine : la Cavalerie donnera d'Efcortes à fes Equipages , un Brigadier & huit Maîtres par Régiment.

ART. VIII.

Des Marches.

1. L'Armée marchera ordinairement sur six Colonnes, chaque Aîle de Cavalerie & chaque Division d'Infanterie formera la sienne, la plus ancienne Brigade en ayant la tête, suivie des autres de premiere Ligne, & ensuite de celles de seconde dans le même ordre que celles de premiere.

La Division de la droite de l'Infanterie sera nommée premiere Division, & celles qui la suivront seconde, troisieme, & quatrieme, en sorte que celle qui formera la gauche sera la quatrieme.

La Cavalerie sera divisée par Aîle droite & Aîle gauche.

2. Lorsque l'Armée marchera sur quatre Colonnes, la premiere Ligne de l'Aîle droite de Cavalerie marchera avec la premiere Division d'Infanterie, & la seconde Ligne avec la seconde Division.

La premiere Ligne de l'Aîle gauche de Cavalerie marchera avec la quatrieme Divifion , & la feconde avec la troifieme.

3. La nature du pays réglera fi la Cavalerie devra avoir la tête ou la queue des Colonnes d'Infanterie : on en avertira dans l'Ordre.

4. Les deux Brigades d'Infanterie deftinées à couvrir les Flancs de la Cavalerie , marcheront à la tête ou à la queue de la Cavalerie , fuivant la nature du pays; on en avertira à l'Ordre : elles feront aux ordres de l'Officier Général commandant l'Aîle de Cavalerie à laquelle elles feront attachées.

5. Il y aura à la fuite de chaque Divifion d'Infanterie , une Divifion d'Artillerie qui marchera toujours à la fuite des Troupes.

Ainfi l'Ordre de marche fera toujours, les Troupes, l'Artillerie, les menus Equipages & les gros Equipages.

Le gros Parc d'Artillerie marchera toujours par la Colonne qui sera la meilleure, & après les menus & gros Equipages de cette Colonne.

6. Les jours de marche, le Tambour & le Trompette de garde au Quartier - Général commenceront à battre la générale & à sonner le bout-tesselle au moment qu'il leur sera ordonné par le Major-Général & le Maréchal - Général des Logis de la Cavalerie, ils sortiront du Quartier-Général en battant & en sonnant, & iront jusqu'au plus prochain Régiment de la Ligne. Aussi-tôt le signal se donnera pour avertir tous les Tambours & Trompettes de se préparer à battre & sonner; & le Régiment auquel le Trompette & le Tambour seront arrivés, commencera immédiatement après à battre la générale & sonner le bouttesselle.

7. Toutes les fois que la générale battra, les Grenadiers & Chasseurs de chaque Division s'assembleront promp-

tement, à cent pas en avant du Camp des Brigades de premiere Ligne de chaque Division, les nouvelles Gardes se formeront derriere eux, & les Campemens ensuite ; ils attendront là les ordres que le Général aura à leur donner.

8. Lorsque l'on sonnera le boutte-selle, les Carabiniers de chaque Aîle s'assembleront devant le centre de la premiere Ligne de l'Aîle, les Troupes de Carabiniers de chaque Brigade, formant un Escadron, il sera nommé tous les jours de marche un Brigadier, un Colonel, & un Lieutenant-Colonel pour commander les Carabiniers de chaque Aîle, & on y attachera pour toute la Campagne, un Officier Major pour en faire le détail.

9. Toute l'Artillerie harnachera aussi-tôt que la générale battra, elle attelera à l'assemblée, & sans nouveaux ordres ; chaque Division suivra celle à laquelle elle est attachée lorsqu'elle se mettra en marche.

Si les chemins ne lui permettoient pas de fuivre la Divifion des Troupes, elle en feroit avertie par un Billet particulier, qui lui indiqueroit la route qu'elle devroit tenir.

10. Les jours de marche, auffi-tôt après que le drapeau aura été battu, & que les Troupes feront en bataille, l'on fera rompre les Régimens d'Infanterie par pelotons, par la droite ou par la gauche, fuivant le côté où fera le Régiment défigné pour avoir la tête de la Colonne, & on les fera marcher pour le joindre, obfervant de ne laiffer d'intervalle d'un peloton à l'autre que trois pas ; les Brigades de feconde Ligne viendront en même-tems joindre la premiere, & auffi-tôt que toute l'Infanterie qui devra compofer la Colonne fera ferrée, ainfi qu'il vient d'être dit, l'Officier Général en mettra la tête en mouvement ; elle devra marcher toujours dans le même ordre pendant toute la journée, en forte que les Troupes puiffent être en

bataille en un inftant dès qu'on battra le drapeau.

Pour y parvenir, il fera défendu à Mrs. les Officiers, de quelque grade qu'ils foient, de marcher à cheval entre les Troupes; ils obferveront de fe tenir fur les Flancs de la Colonne à hauteur de leurs pelotons. Il y aura toujours un Officier entendu, qui précédera de cent pas chaque Régiment, pour reconnoître les paffages fur la droite & la gauche des ponts ou communications, & qui les indiqueront aux Officiers; & s'il fe trouvoit des défilés qu'ils fuffent obligés de paffer par le même endroit que les Troupes, alors les Officiers de chaque Bataillon fe partageroient pour paffer à la tête & à la queue, & ceux de la tête s'y porteroient au galop, pour ne pas retarder la marche; & auffi-tôt après le défilé paffé, ils fe jetteroient fur le champ fur les Flancs de la Colonne.

Les chevaux de pelotons marcheront de même fur les Flancs de leurs Bataillons, & éviteront autant qu'il fera possible, d'entrer dans la Colonne, ainsi qu'il vient d'être dit plus haut pour les Officiers. Dans le cas qu'on fût obligé de faire arrêter un cheval de peloton, pour quelque cause que ce puisse être, le Commandant du peloton ou de la Compagnie le fera accompagner par un Bas-Officier qui le fera rejoindre le plutôt qu'il fera possible.

11. Si l'Officier Général commandant une Colonne ne se trouvoit pas à l'heure qu'elle devra partir, celui qui se trouvera la commander dans ce moment, la mettra en marche, afin de ne point faire attendre les Troupes. Il est bien sûr qu'un Officier Général qui ne se trouve pas à sa Division à l'heure prescrite, est employé plus utilement ailleurs pour le service du Roi, ou est malade. Dans ce cas, il en sera rendu compte à Mr. le Maréchal à la fin de la marche par l'Offi-

l'Officier Général qui aura conduit la Colonne à fa place.

Outre les Travailleurs qui auront été deftinés à ouvrir les marches, il y en aura toûjours cinquante par Brigade qui marcheront à la tête pour être employés à raccommoder les communications ou les ponts qui auroient pu fe gâter, Mrs. les Brigadiers feront chargés du foin de l'ordonner & d'empêcher que leurs Brigades ne défilent, & de tenir la main à ce qu'elles marchent toûjours fur le même front qu'elles feront parties.

Si cependant cela devenoit impoffible, ils auront la plus grande attention à ce que les Soldats paffent le défilé au pas redoublé, & fe reforment dans l'inftant qu'ils en feront fortis.

Ils obferveront auffi de fuivre toûjours le mouvement qui fera fait à la tête, en forte que quand les pelotons qui les précédent doubleront, ils faffent doubler les leurs & fucceffivement les Divifions ; & lorfque la première Ligne se mettra en Bataille, la seconde s'y mette aussi sur le champ.

12. Toutes les fois qu'on fera halte, les Troupes se formeront par quart de rang de Bataillon, & pour peu qu'elle dût être longue, ou qu'on fût proche de l'Ennemi, on se formera par Bataillons. Comme rien n'est si important que de pouvoir être promptement en Bataille, on accoutumera les Troupes à exécuter ces mouvemens avec la plus grande célérité, on donnera aussi la plus grande attention pour que, dès qu'on rapellera à la tête pour repartir, toutes les Troupes de la Colonne se levent & chargent promptement leurs havresacs, & qu'elles s'ébranlent toutes à la fois, dès que l'on battra au champs ; sans cela, après une halte faite pour rassembler les Troupes de la Colonne, elles forment une file plus longue en se mettant en marche, & sont moins en ordre qu'elles ne l'étoient en arrivant.

13. La Cavalerie obſervera tout ce qui vient d'être dit ci-deſſus en ce qui peut la regarder ; elle marchera toûjours par Compagnie , & auſſitôt qu'on aura ſonné à Cheval , elle viendra prendre la tête ou la queue de ſa Colonne , ſuivant ce qui aura été ordonné.

14. Mrs. les Officiers - Généraux Commandans les Colonnes, donneront la plus grande attention , à ce qu'elles conſervent entre elles pendant toute la marche, le terrain néceſſaire pour ſe mettre en Bataille au premier Ordre.

15. Une fois pour toutes , dès que les Officiers-Généraux Commandans les Colonnes auront été avertis qu'ils ſont proches des Ennemis, ils obſerveront & feront obſerver ce qui ſuit.

I. Ils formeront au moins deux Colonnes de celles qu'ils conduiront , & même davantage ſi cela eſt poſſible , les compoſant chacune moitié

des Troupes de la première Ligne ,
& moitié de la seconde.

II. Ils feront toûjours garder d'une
Colonne à l'autre, les diſtances nécef-
ſaires pour ſe mettre en Bataille tout
d'un coup , & toutes les Colonnes
à la fois, pour cela ils chargeront un
Officier-Major intelligent de marcher
entre les deux Colonnes, pour les avertir ſi elles ſe ſerroient, ou s'ouvroient
trop.

III. Dès qu'on approchera du Terrain où l'on voudra ſe former , ou
que par l'approche de l'Ennemi, on ſera obligé à le faire , les Bataillons &
Eſcadrons ſe ſerreront les uns aux
autres , ne gardant que douze pas de
diſtance ; les Officiers mettront pied
à terre, & au premier Commandement, les Colonnes ſe mettront en Bataille par un à droite , ou un à gauche.

IV. En même tems que la première Ligne ſe mettra en Bataille, la ſeconde Ligne , & les réſerves s'y mettront auſſi , gardant trois cens pas de

diftance d'une Ligne à l'autre, ou les prenant en marchant en avant, après que les Lignes feront formées. Tous ces mouvemens fe feront auffi vîte qu'il fera poffible, & au pas redoublé.

La Cavalerie exécutera la même chofe en même tems, & les Brigades d'Infanterie deftinées à couvrir fon Flanc, fe tiendront en Colonnes entre les deux Lignes d'Infanterie à hauteur du premier Bataillon qui les fermera & appuyera à la Cavalerie.

16. Avant que de partir du vieux Camp, les Officiers qui feront l'infpection de leur Compagnie, en feront en même tems l'appel, & cet appel fera rendu au Commandant du Régiment.

17. Les Eclopés de la Cavalerie marcheront à la queue de la Colonne des Troupes, conduits par des Officiers & Bas-Officiers proportionnés, felon leur nombre.

18. Lorfque les Officiers de l'Etat-Major de la Cavalerie auront donné le terrein aux Officiers Majors, ceux-ci

poferont des fentinelles , & en envi-
ronneront leur terrein , afin que per-
fonne ne puiffe s'écarter & courir la
campagne ; ces fentinelles feront rele-
vées à l'arrivée des Régimens par
d'autres fentinelles tirées des piquets.

Il marchera avec les Campemens
quatre Cavaliers par Régiment, pour
être mis en vedette ou en fentinelle
autour du camp, en attendant l'arrivée des piquets.

19. Les Officiers Commandans les
Brigades & les Régimens auront la plus
grande attention à ce que les Cavaliers & Dragons marchent dans leurs
Rangs fans fe mêler , & dans le même Ordre dans lequel on marchera à
la tête de la Colonne , ils ne permet-
tront pas qu'ils défilent fans en avoir
reçu l'Ordre , ou qu'ils laiffent entre
eux de diftance.

20. Aucun Cavalier , ni Dragon ne
pourra quitter fon rang , fans en demander la permiffion auparavant au
Commandant de la Compagnie qui

le fera escorter par un Bas-Officier qui en répondra.

21. Si quelque Cavalier ou Dragon quittoit son rang sans permission & sans être apperçu & qu'il désertât ou fût pris par les ennemis, le Maréchal des Logis qui est à la queue de la Compagnie, sera puni par ses Officiers supérieurs, qui seront tenus d'en rendre compte à Mr. le Maréchal-Général de la Cavalerie.

22. Lorsque l'Armée fera halte, elle se formera ainsi qu'il a été dit ci-dessus, ensuite les Cavaliers mettront pied à terre, & les Régimens seront environnés de vedettes, afin qu'aucun Cavalier ni Dragon ne puisse s'écarter.

Tout Cavalier & Dragon qui aura besoin de sortir au-delà des vedettes pour quelque cause que ce puisse être, sera toûjours accompagné d'un Bas-Officier.

23. Il sera fait des appels en arrivant aux haltes, en partant & en arrivant au Camp.

24. Aucune voiture, ni chevaux de bât ne pourront marcher avec les Colonnes, ni au Campement; les Officiers-Généraux commandans les Divisions, feront arrêter tous ceux qui s'y trouveront & conduire au Quartier-Général, où après avoir été vérifié qu'ils ont manqué à cet Ordre, il sera donné permission de les vendre au profit de la Troupe qui les aura arrêtés.

25. Un Maréchal des Logis & un Brigadier par Régiment de Cavalerie & de Dragons, aux Ordres d'un Officier-Major par Brigade, feront l'arrière-garde de chaque Colonne; ils visiteront les hayes, les chemins creux & les villages, pour voir s'il ne s'y feroit pas caché des Cavaliers ou Dragons qui auroient échappés à la vigilance de leurs Officiers, ils les arrêteront & les enverront à leurs Régimens pour qu'ils y soient punis, & à l'égard des Soldats, Cavaliers, Dragons, Vivandiers & Valets qui seront arrêtés maraudants ou faisant du dé-

sordre, ils seront envoyés au Prévôt pour être punis conformément aux Ordres que donnera Mr. le Maréchal, & proportionnément au délit qu'ils auront commis.

26. Le moment de l'arrivée au Camp étant le plus important pour établir le bon ordre, Mrs. les Brigadiers, Colonels, Lieutenans-Colonels & Officiers-Majors resteront à cheval jusqu'à ce que les tentes soient tendues & les Sentinelles placées, les Officiers des Compagnies ne les quitteront pas que cela ne soit exécuté ; & Mr. le Maréchal ne doute pas que Mrs. les Officiers-Généraux ne donnent cet exemple, en y demeurant eux-mêmes, & qu'ils ne punissent ceux qui se trouveroient en faute ; plus la fatigue aura été grande & le tems mauvais, plus leur exemple sera nécessaire.

27. Quoique l'intention de Mr. le Maréchal soit qu'à l'avenir les Camps ne soient plus vendus, il sera néanmoins

défendu de les bruler , & il fera payé dix Louis d'amende par le Régiment qui y aura mis le feu.

ART. IX.

Difcipline des Troupes dans le Camp.

1. Par les précautions prifes ci-def-fus d'environner le Camp de Senti-nelles , aucun Cavalier , ni Dragon ne pourra en fortir fans être apperçu , il fera donc configné aux Sentinelles ou Vedettes de n'en laiffer fortir au-cun , à moins qu'un Bas-Officier ne vienne leur dire qu'ils peuvent les laif-fer paffer & ne les conduife.

2. L'intention de Mr. le Maréchal n'étant pas de priver les Cavaliers & Dragons des reffources qu'ils pour-roient trouver au Quartier-Général , ceux qui auront befoin d'y aller , y feront conduits par un Officier & Bas-Officiers en proportion du nom-bre ; ils affembleront les Cavaliers &

Dragons, à 7. heures du matin , en feront l'appel & les conduiront en Ordre jufqu'à la porte du Quartier-Général : là ils leur donneront un lieu pour fe raffembler à 11. heures, ils en feront de nouveau l'appel , & les rameneront au Camp. Ceux qui y auront manqué feront punis le plus févèrement.

De tout le refte de la journée, il ne fera plus permis à aucun Cavalier ni Dragon de fortir du Camp de fon Ré· giment, à moins d'être conduit par un Bas-Officier , il fera feulement donné des permiffions fignées des Commandans des Corps & des Majors aux Cavaliers, Vivandiers & Maréchaux pour aller au Quartier-Général toutes les fois qu'ils en auront befoin.

Les jours de marche , les Cavaliers & Dragons feront conduits au Quartier-Général , une heure après leur arrivée au Camp & ramenés dans le même Ordre.

3. Il sera fait quatre appels dans les 24. heures, aux heures prescrites par Mrs. les Brigadiers qui auront soin de les indiquer & de les changer souvent ; les Officiers des Compagnies seront responsables de l'exactitude de ces appels & ils seront punis, si l'on arrête des Cavaliers, ou Dragons qu'ils n'auront pas dénoncé dans les appels, qui seront envoyés quatre fois par vingt-quatre heures aux Majors des Divisions, qui les feront passer tous les matins au Major-Général, & au Maréchal-Général des Logis de la Cavalerie.

Les Officiers commandés pour faire ces appels, visiteront à chaque fois les marmites, les tentes & les portemanteaux, pour voir si les Cavaliers, ou Dragons n'auroient pas mis parmi leurs hardes des effets étrangers ; s'ils en trouvoient, ils feroient arrêter ceux à qui ils appartiendroient & conduire au Prévôt : la moindre

tolérance

tolérance de leur part, sera punie le plus sévérement.

Si contre toute apparence, il arrivoit que des Bas-Officiers autorisassent la maraude, en ne déclarant pas les maraudeurs, ils seroient punis avec la dernière rigueur.

4. Ces Officiers-Majors veilleront avec la plus grande exactitude à la propreté du Camp, à ce qu'il soit bien alligné & tendu, & détendu promptement & ensemble. A cet effet, lorsque les chevaux de peloton seront arrivés, chaque chambrée déployera promptement les tentes, & se préparera, pour qu'au signal qu'un Officier-Major, par brigade, fera donner par un Trompette qui se tiendra au centre de chaque Régiment, toutes les tentes se levent à la fois.

Pour les détendre, on observera que deux hommes par tente se placent aux deux mats, aussitôt que l'assemblée commencera à sonner & que toutes les tentes tombent à la fois lorsque les Trompettes finiront de la sonner.

5. Les Officiers camperont conformément à l'Ordonnance , c'est-à-dire aux distances prescrites , sans que sous aucun prétexte , ils puissent aller camper plus loin. En conséquence, on marquera cès distances avec un cordeau, & on mettra des fiches à toutes les Tentes des Officiers.

Aucun Officier ne pourra loger sans une permission par écrit du Maréchal-Général des Logis de la Cavalerie : ceux qui ne se conformeront pas à cet Ordre seront mis en prison pour un mois, & si le Commandant & le Major du Régiment n'en avertissent pas le Maréchal-Général des Logis de la Cavalerie , ils en seront responsables.

Mrs. les Brigadiers & les Majors de Divisions & de Brigade , étant les plus nécessaires au Camp , pour la Discipline & la promptitude du Service , ne pourront jamais loger.

6. Les Officiers de Piquet & ceux des Gardes feront & feront faire de fréquentes patrouilles dans le Camp & dans les environs pour empêcher les Cavaliers & Dragons de jouer à des jeux défendus, ceux qu'ils arrêteront feront envoyés au Prévôt & mis à la chaîne.

Les Commandans des Corps auront aussi la plus grande attention à ce que les Officiers ne jouent point à des jeux de hazard, ceux qui feront convaincus d'y avoir joué feront mis en prifon, les Commandans des Corps & les Majors des Brigades feront tenus d'en informer le Maréchal-Général des Logis de la Cavalerie.

7. La sûreté de l'Armée exigeant qu'il y ait toûjours au Camp un affez grand nombre d'Officiers pour fe mettre à la tête des Troupes, en cas d'événement, ils ne pourront s'en abfenter qu'avec la permiffion du Commandant de leur Régiment. Mr. le Ma-

réchal recommande très-expreffément aux Chefs des Corps de ne pas multiplier les permiffions , il exige auffi qu'ils ne s'abfentent jamais du Camp tous à la fois, & qu'il y refte toûjours ou le Colonel ou le Lieutenant-Colonel , & au moins la moitié des Officiers.

8. La punition des Etendarts étant abfolument contraire au bien du Service à caufe des maladies qui en réfultent , l'intention de Mr. le Maréchal eft, que dans tous les Régimens fans exception , les Cavaliers qui feront dans le cas d'être punis pour des fautes ordinaires , foient mis au Piquet employés aux travaux du Camp , & faffent toutes les corvées , ainfi que leur Service.

ART. X.

Des Diſtributions.

1. On ne partira jamais pour aller à quelque diſtribution que ce ſoit, ſans que les Cavaliers & Dragons ne ſoient aſſemblés en ordre & conduits par des Officiers & Bas - Officiers armés.

2. Les Cavaliers & Dragons qui iront à des Diſtribution ſeront donc conduits par des Officiers & Bas- Officiers qui, ſuivant leur nombre, en ré- pondront, ils ſeront partagés ſuivant leur nombre, en pluſieurs Diviſions, & marcheront dans le même ordre que s'ils étoient armés.

Arrivant au lieu où la Diſtribution devra ſe faire, l'Officier qui les commandera les mettra en Bataille ; la première Diviſion ira recevoir ce qui devra lui être fourni, après quoi elle reviendra à ſon poſte, la ſeconde en fera de même & ainſi de ſuite.

3. La Distribution faite, l'Officier ramenera sa Troupe dans le même ordre qu'il l'aura conduite ; ce n'est que par une attention aussi suivie qu'il peut s'assûrer des Hommes qui lui sont confiés. Mr. le Maréchal charge Mrs. les Maréchaux-Généraux des Logis de la Cavalerie de se trouver aux Distributions, pour voir si ses intentions sont exactement suivies.

4. Comme il peut être nécessaire d'aller à l'eau plusieurs fois dans la journée, les Cavaliers & Dragons de chaque Compagnie, pourront y aller, pourvû qu'ils soient conduits par un Bas-Officier armé.

ART. XI.
Des Gardes.

1. Les Gardes ordinaires ne seront composées que de 32. Maîtres non compris le Brigadier & le Trompette, elles seront commandées par un Capitaine, un Cornette & un Maréchal des Logis.

2. Celles que les Lieutenans commanderont en Chef, ne feront que de 20 Maîtres & il n'aura fous lui qu'un Brigadier. Les Lieutenans feront toutes les Gardes qui ne feront point commandées par des Capitaines & ne rouleront point pour cela avec les Cornettes, elles feront pareillement de vingt Maîtres avec un Brigadier.

3. Les Officiers commandans les Gardes, feront en tout point refponfables des Troupes qu'ils auront à leurs Ordres, ils configneront une fois pour toutes à leurs Vedettes & Sentinelles de ne laiffer paffer aucun Soldat, Cavalier, Dragon, Huffard, Vivandier & Domeftique, au-delà de leurs Poftes, à moins qu'ils n'ayent des congés en bonne forme, des paffeports du Prévôt, ou des permiffions de leurs Maîtres.

4. La Garde du Quartier-Général fera de 50. Maîtres commandée par un Capitaine, cette Garde fournira les

Cavaliers dont le Prévôt aura besoin pour son Escorte.

5. Les consignes seront données par écrit par les Officiers - Généraux de jour & Supérieurs de piquet , qui placeront les Gardes, par le Maréchal-Général des Logis de la Cavalerie ou par les Majors des Brigades qui les fourniront. Les Officiers des Gardes se donneront des reçus des dites consignes.

ART. XII.

Des Fourages.

1. Lorsque la Cavalerie & les Dragons fourageront, chaque Brigade sera toûjours conduite par le Brigadier qui la commande , ou à son défaut par le plus ancien Colonel , chaque Régiment le sera alternativement par un de ses Officiers Supérieurs, & les compagnies par les Capitaines, Lieutenans, ou Cornettes, de façon qu'il y en ait toûjours moitié des Capitai-

nes pour la sûreté & la police du Fourage. Ils auront la plus grande attention à ce que tous les Fourageurs
des Régimens foient affemblés à l'heure indiquée pour partir enfemble ,
qu'il n'en refte aucun en arrière , &
que la Colonne marche bien en ré-
gle , fans qu'aucun Cavalier, Dragon,
ou Valet puiffe s'en écarter pour quelque raifon que ce puiffe être ; Mrs.
les Commandans des Régimens feront refponfables de l'exécution de
cet Ordre & du dégât que pourroient
faire ceux qui s'écarteroient.

2. Lorfque l'on arrivera fur le terrein où l'on devra fourager , Mrs. les
Commandans des Brigades , Régimens & Compagnies , auront la plus
grande attention de contenir leurs
Fourageurs , de façon que jamais aucun ne fe débande , ils leurs feront
mettre pied à terre avant d'entrer
dans le Fourage. Ils feront garder les
chevaux par quelques Cavaliers & le
refte entrera à pied en ordre & fans

tumulte dans le terrein qui aura été marqué pour le Fourage de chaque Régiment.

3. Les Cavaliers de chaque Compagnie se placeront à côté les uns des autres, sans s'émenter, & lorsque les trousses seront faites, on enverra chercher les chevaux, les Officiers des Compagnies les feront charger & les rameneront ensuite en ordre au camp.

4. Les Cavaliers allant au Fourage, soit au vert soit au sec, porteront toûjours leurs mousquetons à la Grenadière, cet ordre est donné une fois pour toute la campagne.

5. Lorsque la Cavalerie fouragera au sec, Mrs. les Commandans des Brigades ou Régimens en arrivant auprès des Villages qui leur seront destinés pour fourager, les feront mettre en Bataille, ils enverront ensuite des Cavaliers de leurs Escortes qu'ils placeront à toutes les maisons du Village, pour empêcher qu'aucun Cava-

lier, Dragon, ni valet n'y entre & lorfque la sûreté des maifons fera ainfi établie, ils y feront entrer les fourageurs en marquant à chaque Régiment & Compagnie celles dans lefquelles ils devront fourager, afin que s'il fe trouve quelque dommage fait, on puiffe fçavoir à qui on devra s'en prendre.

6. Les Cavaliers n'entreront que dans les granges, & fi l'on eft dans le cas de prendre du grain, Mrs. les Officiers pourront feuls entrer dans les greniers, pour en faire la diftribution. Lorfque toutes les trouffes feront faites, Mrs. les Officiers des Compagnies les feront charger & les conduiront enfemble au Camp, on ne retirera pas les fentinelles ou Vedettes mifes aux maifons du Village, que tous les Fourageurs ne foient fortis, & il reftera une Arrière-Garde pour fouiller les Villages, & voir s'il n'y feroit pas refté quelque Cavalier, Dragon ou valet que le Commandant de cette Arrière-

Garde fera arrêter, s'il s'en trouve, & conduire au Prévôt.

7. Les Cavaliers des campemens de la Cavalerie & Dragons porteront toûjours des faulx pour pouvoir couper le fourage qui fe trouvera dans le terrein du camp, il n'en fera pris que ce qui eft néceffaire pour la journée, & s'il s'en trouve à la tête & à la queue du camp, les fentinelles à Vedettes qui feront établis conformément à ce Réglement, n'en laifferont pas couper fans ordre ; les Brigadiers Commandans des Brigades en feront prendre journellement ce dont elles auront befoin. Ayant grande attention de le faire couper parallelement au camp.

Des Détachemens.

ART. XIII.

1. Les Détachemens feront comme ci-devant de 50. Maîtres commandés par un Capitaine.

La

La Troupe des Carabiniers des Régimens se tiendra toujours prête à marcher ; & lorsqu'elle sera demandée, on commandera les quatre par Compagnie qui en ont le titre, & les deux autres Cavaliers seront pris à à leur tour à marcher dans la Compagnie, en observant seulement qu'il n'y en ait pas des recrues de l'hiver dernier.

Comme il résulte de grands inconvéniens de commander pour le même Détachement le Capitaine, le Lieutenant, le Cornette & le Maréchal des Logis de la même Compagnie, ainsi que cela arrive lorsque le Service commence, il sera suivi provisionnellement à l'avenir un ordre différent ; lorsque le Service commencera, on commandera le premier Capitaine, le Lieutenant de la seconde Compagnie, le Cornette de la troisieme, le Maréchal des Logis de la quatrieme. Le tableau fait ainsi dans chaque Régiment, on le continuera jusqu'à la fin, en obfervant que jamais les Capitaines puiffent marcher enfemble.

Tous les Détachemens feront affemblés au fon du Trompette & non à la voix, & ce fera au Major de Brigade que l'on s'en prendra, fi les Détachemens ne font pas prêts à l'heure & à la minute qu'ils auront été demandés : les Officiers commandans ces Détachemens fe tiendront exactement à leur pofte, foit que l'on marche, ou que l'on foit obligé d'attendre, & ils ne fouffriront pas qu'aucun Cavalier ni Dragon quitte fon rang, les Troupes devant être habituées à ne jamais rien faire fans l'ordre de leurs Officiers. Les Officiers détachés feront refponfables de la Difcipline des Troupes qu'ils commanderont ; ils veilleront donc avec la plus grande exactitude à ce qu'elles fe comportent toujours en Gens de Guerre, ils les tiendront avec autant d'ordre qu'au Camp même; s'ils font en pofte fixe, ils les feront exercer auſſi ſouvent qu'ils le ſeroient au Régiment.

Mrs. les Commandans des Régimens auront la plus grande attention, ainſi qu'il a été preſcrit par le Réglement envoyé au mois de Février dernier, que les Cavaliers ayent toujours ſous la main ce qui leur eſt néceſſaire pour monter à cheval, leurs porte-manteaux fermés & attachés ſur la ſelle, les piſtolets dans les fontes, la bride attachée au piſtolet gauche, & le mouſqueton au côté droit, de façon que le Cavalier en portant ſa ſelle ait avec lui tout ſon équipage, & puiſſe monter à cheval ſur le champ.

ART. XIV.

De la Diſcipline en général.

1. L'Ordonnance du Roi concernant les crimes & les délits Militaires ſera obſervée dans toute ſon étendue, & tous ceux qui ſe trouveront dans le cas d'y avoir contrevenu, feront

punis par les peines qui y font portées.

Cette Ordonnance fera lûe au commencement de la Campagne & tous
les mois à tous les Cavaliers, Dragons, Huffards & Valets par les Officiers des Compagnies, afin qu'aucun n'en prétende caufe d'ignorance;
les Officiers auroient de grands re-
proches à fe faire, fi faute de la leur
avoir bien expliquée, ils venoient à
y contrevenir.

Dans cette Ordonnance font compris les vols & ceux qui les recelent.
Tout maraudeur qui pille & force les
maifons, & enleve les meubles &
hardes, eft un voleur; & il fera pendu
en vertu de cette Ordonnance.

Tout Cavalier, Dragon, Huffard,
Valet ou Vivandier qui portera des
piftolets fur lui, fera puni le plus ri-
goureufement.

2. Il fera défendu une fois pour
toute la Campagne, de fortir du
Camp, de s'en écarter, d'aller devant

eu Campement & de reſter derriere,
d'aller ſans ordre au fourage, à la
paille, au bois, & à l'eau ſans y
être conduit en regle par des Officiers ou Bas-Officiers ſuivant le nombre, ainſi que d'arracher les jallons
qui marquent les chemins que doi-
vent tenir les Colonnes. Il ſera éga-
lement défendu d'arracher aucune
haye, poteaux, paliſſades, &c. & de
prendre aucun bois neuf ou vieux fa-
çonné.

. 3. Comme on ne peut commet-
tre ces fautes contre la Diſcipline que
volontairement, il eſt certain que
les honnêtes-gens ne ſe mettront pas
dans le cas ci-deſſus, après avoir été
inſtruits des défenſes dont ils ſenti-
ront l'utilité & la néceſſité.

On pourra donc regarder ceux qui
y contreviendront comme des gens
incapables d'être conduits par la rai-
ſon & par l'honneur, & comme il
eſt néceſſaite de les contenir, il ſera
expliqué par les Officiers des Corps à

leurs Compagnies & Domeſtiques ; que ceux qui contreviendront aux dé- fenſes, ſeront punis par les Caporaux attachés à la Prevôté ſuivant l'exigence du cas.

A cet effet il a été attaché à la Pre- vôté douze Caporaux. Les Soldats, Cavaliers, Dragons, Huſſards, Vi- vandiers & Domeſtiques qui ſeront arrêtés par les Corps, ſeront envoyés à la Prevôté, d'où un Détachement les conduira le lendemain à la tête du Ré- giment à la Garde montante, pour y recevoir la peine qui ſera impoſée.

Ceux qui auront été arrêtés par des Détachemens d'autres Régimens que les leurs ou par la Prevôté, ſe- ront conduits de même le lendemain à la tête du Camp de leurs Régimens & punis à la Garde montante ; & il ſera remis au Prevôt par le Major du Régiment ſix francs par chaque Ca- valier, Dragon, Huſſard, ou Do- meſtique : cet argent ſera retenu à l'Officier commandant la Compagnie ou au Maître du Valet. Si les Cavaliers, Dragons, Huffards, de la même Compagnie, ou Domeftiques du même Maître font arrêtés une feconde fois, il fera payé un louis par homme, & l'Officier ou Maître fera envoyé en prifon pour trois mois.

Il fera défendu fous les peines portées par les Ordonnances de marquer des Logemens & d'effacer les noms de ceux qui auront été marqués par les Fouriers de l'Armée.

4. Mrs les Commandans des Corps & les Majors veilleront avec foin à la Difcipline, & en répondront perfonnellement : ils veilleront auffi à l'emploi qu'il fera fait de la poudre & des cartouches qui feront diftribuées à leurs Régimens, & les Majors feront toujours en état de donner au Maréchal-Général des Logis de la Cavalerie un Etat motivé de la confommation qui en aura été faite ; & en cas que les cartouches fuffent mouillées, ils feront tenus de faire rapporter les balles à l'Ar-

tillerie & d'en tirer des reçus, sans quoi la retenue en sera faite aux Corps.

Mr. le Maréchal ordonne très-expressément de faire décharger les armes avec des tirebours, & défend de tirer dans les Camps.

Nul Officier ne pourra prendre aucun chariot ni cheval du pays, sous peine de prison. S'il s'en trouve, qui, par des malheurs arrivés à leurs Équipages, ayent besoin de ces secours, ils s'adresseront au Maréchal-Général des Logis de la Cavalerie, qui leur procurera une permission par écrit & limitée pour prendre des chariots au Parc des Voitures, lesquels seront payés, avant d'en sortir, à raison de vingt-cinq sols par jour pour chaque cheval pour tout le tems qu'ils seront employés, ainsi qu'il sera spécifié dans la permission qui leur sera donnée, après lequel terme expiré, les Officiers qui auront pris des voitures seront tenus de les renvoyer au Parc, & retireront le reçu qu'ils auront donné au

Commiſſaire des Guerres chargé de ce détail.

On prévient qu'il y aura 50 Maîtres ou 50 Dragons, & une Compagnie de Grenadiers aux débouchés des Colonnes, qui exigeront que les Conducteurs des chariots montrent la permiſſion qui leur aura été donnée, & qui arrêteront tous ceux qui auront contrevenu à l'article ci-deſſus, pour être punis ſuivant qu'il ſera ordonné.

Ils arrêteront auſſi toutes les voitures ſur leſquelles le nom de ceux à qui elles appartiennent ne ſera pas écrit; elles ſeront vendues à leur profit. Il y aura à la tête des Equipages de chaque Régiment un fanion qui ſera porté par un des Valets que le Major de Brigade choiſira, ſur lequel le nom du Régiment ſera écrit.

Le Vaguemeſtre général, celui de chaque Brigade, & ceux des Régimens ſe conformeront exactement pour l'ordre néceſſaire dans la marche des Equipages, à ce qui leur eſt preſcrit dans l'Ordonnance du Service de Campagne.

6. Les ordres qui feront une fois donnés, & les défenfes faites ne feront plus renouvellées; cependant el les feront toujours obligatoires, & l'on peut être fûr qu'aucune faute ne fera impunie.

7. La chaffe fera généralement défendue à tout ce qui compofe l'Armée; tout Officier qui fera convaincu d'y avoir été, fera envoyé en prifon à Rheinfels pour tout le refte de la Campagne, & il peut être fûr qu'il n'y aura aucune grace à efpérer. A l'égard des Cavaliers, Soldats, Dragons, Huffards, Vivandiers, Chaffeurs & Valets, &c. ils feront punis, ainfi qu'il a été dit ci-deffus pour ceux qui fortent du Camp.

8. Il s'eft gliffé pendant la Campagne derniere des Efpions fous l'habit de Chaffeurs; pour obvier à cet inconvénient; Mrs les Officiers-Généraux & particuliers, qui voudront

avoir des Chaſſeurs, feront tenus de faire mettre fur leurs habits une marque fixe qui les faſſe connoître pour être à eux, & diſtinguer de ceux des Ennemis & du Pays, fans quoi ils feront arrêtés. Il fera défendu à ces Chaſſeurs, pendant toute la Campagne, d'aller à la chaſſe fous quelque prétexte, & fous les peines expliquées ci-deſſus.

9. La plus exacte fubordination fera établie de grade en grade, & les Lieutenans & Cornettes des Compagnies feront toujours fubordonnés à leurs Capitaines, quand même ils ne feroient pas de Service.

10. La Diſcipline ne pourra jamais être folidement établie ni parfaitement entretenue, fi Mrs les Officiers-Généraux & Particuliers ne concourent avec Mr. le Maréchal à la maintenir dans toute fa force, il ne peut donc trop leur recommander de punir tous Soldats, Cavaliers, Dragons & Huſſards qu'ils trouveront en faute,

quand-même ils ne feroient pas de leurs Régimens ou Divifions.

Mr. le Maréchal ordonne à tous les Officiers, quels qu'ils foient, de fe conformer en tout point aux Ordres du Roi, à la préfente Inftruction & à tous les Ordres qui feront donnés pendant le cours de la Campagne; il les rend perfonnellement refponfables de la Difcipline des Troupes à leurs Ordres.

A Francfort, le 19 Juin 1760.

LE MARÉCHAL DUC DE BROGLIE.

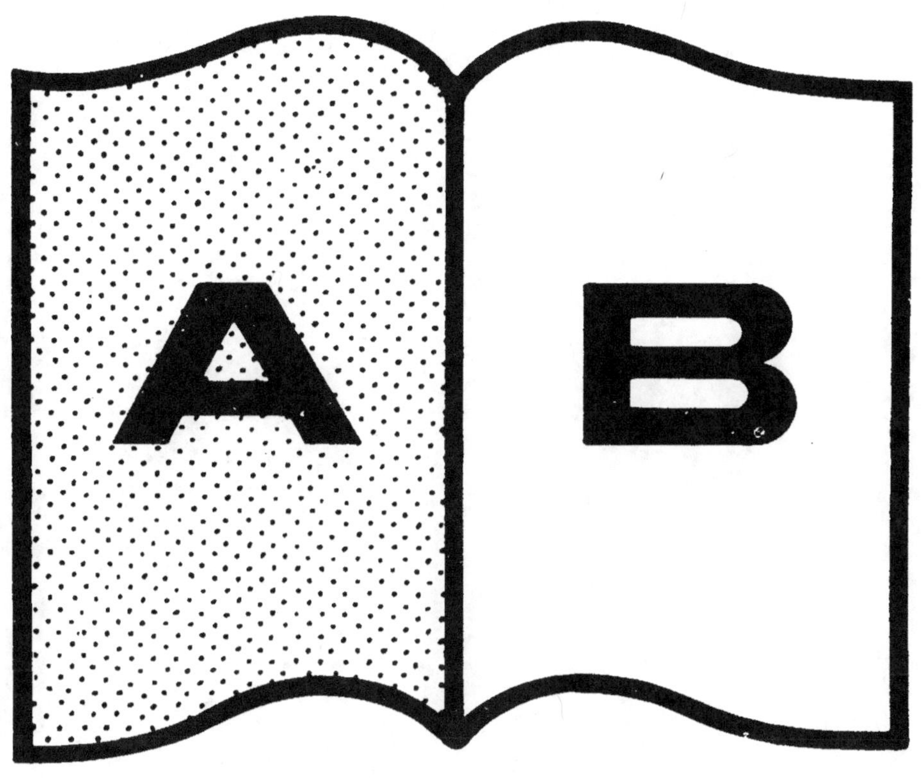

Contraste insuffisant

NF Z 43-120-14